Monika Lange

Nació en 1968 en Duisburg, Alemania. Es bióloga. Durante dos años ha escrito guiones para documentales destinados a escolares, y desde 1997 escribe libros de divulgación para niños. Desde 1998 vive en Seattle, EEUU.
www.buecherfuerneugierige.de

Udo Kruse-Schulz

Nació en 1960. Tras realizar estudios en Arqueología clásica, estudió en la Escuela Técnica Superior de Creación de Hamburgo. En la actualidad vive y trabaja como ilustrador autónomo en Hemmoor, en el norte de Alemania.

Mis Libros de Animales, de Monika Lange
¿Quién ha pasado por aquí? Las huellas y los rastros de los animales
con ilustraciones de Christine Faltermayr
¿Puedes verme? Los animales que se camuflan
con ilustraciones de Steffen Walentowitz
¡Pronto llegará el invierno! Los animales en invierno
con ilustraciones de Steffen Walentowitz

Agradecemos el asesoramiento especializado del Dr. Christian Buschbaum de la Estación de Protección de la Marisma de Sylt.

Monika Lange (texto)
Udo Kruse-Schulz (ilustraciones)
Título original: WO DIE ROBBEN LEBEN
© Patmos Verlag GmbH & Co. KG, Düsseldorf, 2004
© de la edición castellana:
  EDITORIAL JUVENTUD, S. A., 2009
  Provença, 101 - 08029 Barcelona
  info@editorialjuventud.es
  www.editorialjuventud.es
Traducción de Maria Antònia Torras
Primera edición, 2009
ISBN 978-84-3715-9
Núm. de edición de E. J.: 13.013
Printed in Austria

Queda rigurosamente prohibida, sin la autorización escrita de los titulares del copyright, bajo las sanciones establecidas por las leyes, la reproducción parcial o total de esta obra por cualquier medio o procedimiento, comprendidos la reprografía y el tratamiento informático, y la distribución de ejemplares mediante alquiler o préstamo públicos.

Monika Lange | Udo Kruse-Schulz

Donde viven las focas

Los animales marinos

Editorial Juventud

Buscando tesoros en la playa

Las olas arrastran gran cantidad de tesoros hasta la arena: moluscos, montones de conchas de caracoles, caparazones de cangrejos de mar, piedras de colores o incluso huevos de tiburón. Todos ellos nos ofrecen información acerca de los animales que viven junto al mar y en el mar: y es que hay animales que viven en la arena y en las rocas, animales que saben nadar y animales que pueden respirar bajo el agua.

Concha de calamar

Conchas de molusco

Huevos de tiburón

Caparazón de cangrejo

Esqueleto de erizo de mar

Caracoles

Alga marina

Esta estrella de mar se ha escondido en todas las páginas de este libro. A ver si eres capaz de encontrarla en cada página.

Los moluscos

A menudo encontramos conchas de moluscos en la playa; por fuera son ásperas y acanaladas y por dentro son lisas y brillantes. Dentro de estas duras conchas han vivido moluscos: unos curiosos animales de cuerpo blando y sin cabeza ni patas.

Los **mejillones** se adhieren a piedras grandes a través de los ligamentos.

Una charnela –como la bisagra de una puerta– mantiene siempre unidas las dos partes de la concha del molusco, las valvas.

El molusco tiene dos sifones. Con ellos absorbe los diminutos animales que viven en el agua y se los come. Para respirar utiliza branquias como los peces. Las branquias están escondidas en su concha.

Esta mancha blanca que vemos sobre la concha vacía es un músculo. Con este músculo el molusco podía cerrar su concha. ¡Los músculos de los moluscos son muy fuertes!

La almeja **Macoma baltica** puede ser de color rojo, azul o verde.

Ostra

9

El **berberecho** visto de lado tiene forma de corazón. A las personas y a los pájaros les encanta comer berberechos.

Cuando los moluscos crecen, también crece su concha: a medida que van creciendo van añadiendo anillos de carbonato de calcio a sus conchas. El calcio lo obtienen de la arena y de las rocas en las que viven. Las **almejas blancas** suelen vivir sobre rocas de color rojo, por eso sus anillos también suelen ser de color rojo. A veces, también viven en rocas negras y entonces sus anillos son negros.

Almeja blanca

Navaja

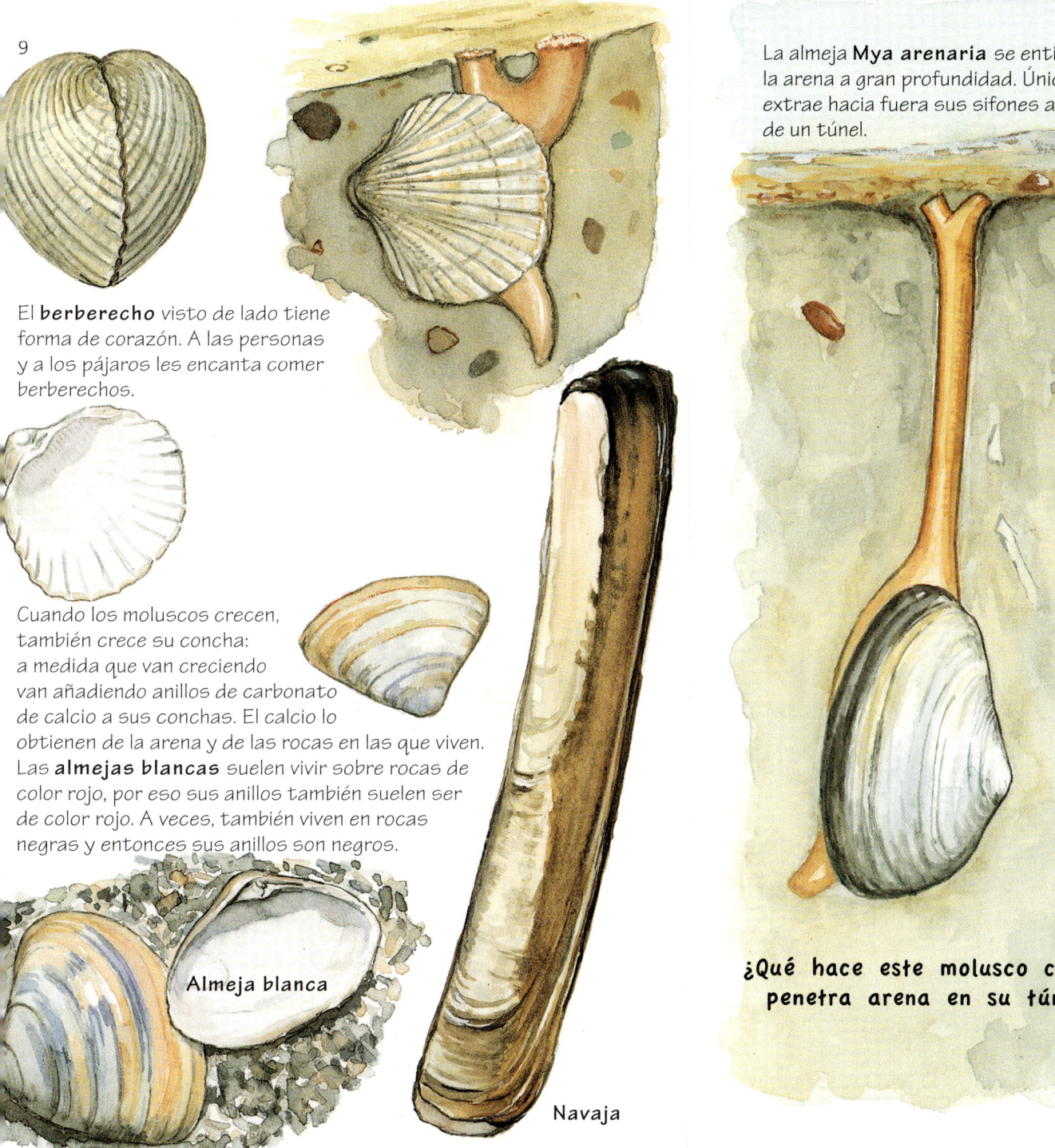

La almeja **Mya arenaria** se entierra en la arena a gran profundidad. Únicamente extrae hacia fuera sus sifones a través de un túnel.

¿Qué hace este molusco cuando penetra arena en su túnel?

Los crustáceos

Los cangrejos de mar con sus afiladas pinzas son capaces de desmantelar todo lo que encuentran. Comen animales pequeños y picotean exquisitos bocados de peces muertos. Es decir, dejan el fondo del mar bien limpio.

Los **cangrejos comunes** están envueltos en un caparazón. A pesar de ello, deben tener cuidado de que las gaviotas no los descubran. Por este motivo, suelen esconderse entre las rocas de la playa.

Los ojos del cangrejo son muy saltones. De este modo puede girarlos en todas direcciones.

¿Cuántas patas tiene el cangrejo?

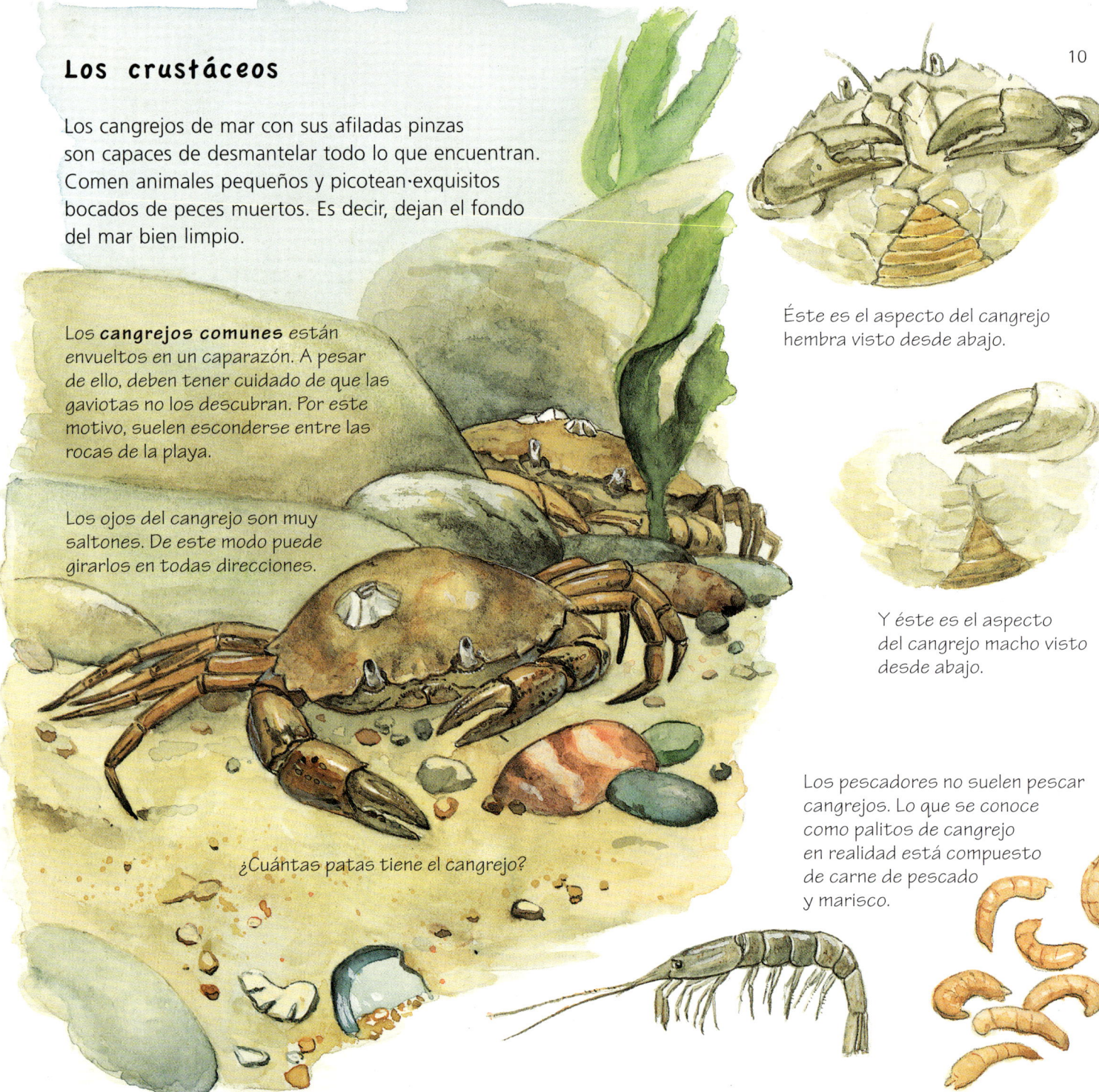

Éste es el aspecto del cangrejo hembra visto desde abajo.

Y éste es el aspecto del cangrejo macho visto desde abajo.

Los pescadores no suelen pescar cangrejos. Lo que se conoce como palitos de cangrejo en realidad está compuesto de carne de pescado y marisco.

¡La **langosta** puede llegar a vivir más de cien años!

¿Quién se ha escondido en la concha del caracol?

Araña de mar

¿Cómo nada la nécora? ¡Pues con sus dos patas en forma de paleta! Incluso puede llegar a pescar algún pez. Así de rápida puede llegar a ser.

Buey de mar

Las focas y las marsopas

En nuestros mares también viven focas, aunque suelen ser muy tímidas y no todo el mundo es capaz de encontrarlas. En el mar del Norte y en el mar Báltico incluso hay marsopas, de la familia de las ballenas pero del tamaño de las focas.

Esta **foca** está tomando el sol en un banco de arena. Así puede ver desde lejos si se acerca alguna persona. En ese caso, se arrastrará tan deprisa como pueda con su barriga y se lanzará al agua.

Esta cría de foca común está esperando a su mamá que ha salido a pescar peces. Cuando su madre regrese, podrá mamar un poco de leche.

La foca es mucho más rápida en el agua que sobre la tierra. Y es que si quiere pescar algún arenque no le queda más remedio que ser rápida. Cuando pasa un gran banco de arenques, la foca permanece todo el día y toda la noche en el agua pescando. Cuando ha terminado, se va a descansar al banco de arena con la barriga bien llena.

La foca se sumerge hasta el fondo
del mar para poder divisar algún pez.
Aquí vemos a una marsopa que
también está buscando platijas.

Del mismo modo que la foca,
la **marsopa** también tiene que salir
a la superficie de vez en cuando para
tomar aire. Entonces deberás
aprovechar para ver brevemente cómo
su puntiaguda aleta sobresale del agua.
Las ballenas no son peces. Y es que
los peces pueden respirar bajo el agua
sin necesidad de salir a la superficie
a coger aire.

La cara de las focas es muy parecida
a la cara de los perros. Sólo les faltan
las orejas. Y es que suponemos que les
molestarían para nadar. Allí donde
normalmente están las orejas, sólo tienen
un pequeño agujero. Las focas comunes
tienen unos grandes ojos redondos, aunque
cuando el agua está turbia no suelen ver
desde demasiado lejos. No obstante, para
ello tienen los bigotes, que les permiten
notar si algo se mueve en el agua.

**Cuando las focas comunes
se sumergen en el agua,
¿no les entra agua en los oídos?**

Los caracoles

Los caracoles se esconden en sus caparazones. Por debajo sólo les sale el pie, la boca y las antenas. Con la baba, el caracol se construye sus propios toboganes, de forma que le es mucho más fácil deslizarse.

El **bígaro común** se desliza por encima de los mejillones. Posee una lengua con pequeños y fuertes dientes. De este modo, puede rascar algas y pequeños animales de las conchas de los moluscos y así mantenerlas limpias.

El **caracolillo Hydrobia** es minúsculo y no es muy rápido. Cuando quiere desplazarse, produce gran cantidad de baba, y a medida que la baba empieza a deslizarse, el caracol se pone encima y se desplaza sobre ella.

El bígaro común tiene una cubierta con la que puede cerrar su casa cuando lo desea.

A menudo, en la playa encontraremos huevos vacíos del **buccino común**.

La **cañadilla** es un caracol predador. Con su lengua puede perforar las conchas de los moluscos y otros caracoles para comérselos.

Quitón

Babosa gris chica

A ver, ¿sabrías decir cuáles son moluscos y cuáles son caracoles?

Las anémonas y las medusas

Las anémonas parecen flores y además tienen nombres de flor; pero en realidad se trata de verdaderos animales. Al igual que las medusas, con sus tentáculos pueden cazar otros animales e incluso peces. Los tentáculos pueden lanzar los denominados cnidoblastos o células urticantes como si fueran pequeños arpones. De este modo, logran paralizar a sus presas y atraparlas.

La gruesa base de la **anémona plumosa** es su barriga. Los peludos filamentos son sus tentáculos. Con ellos caza diminutos animales y huevos de peces. Entre los tentáculos se esconde la boca.

La **medusa aurelia** contrae lentamente su sombrilla transparente y la vuelve a expandir –contraer y expandir, contraer y expandir, una y otra vez–. Así es como se mantiene a flote en el agua.

El **tomate marino** o **actinia roja** se adhiere al fondo del mar.

La **anémona urticina** o **dalia de mar** suele estirar sus tentáculos sólo por la noche. Con sus pegajosos filamentos atrapa peces y se los introduce en la boca.

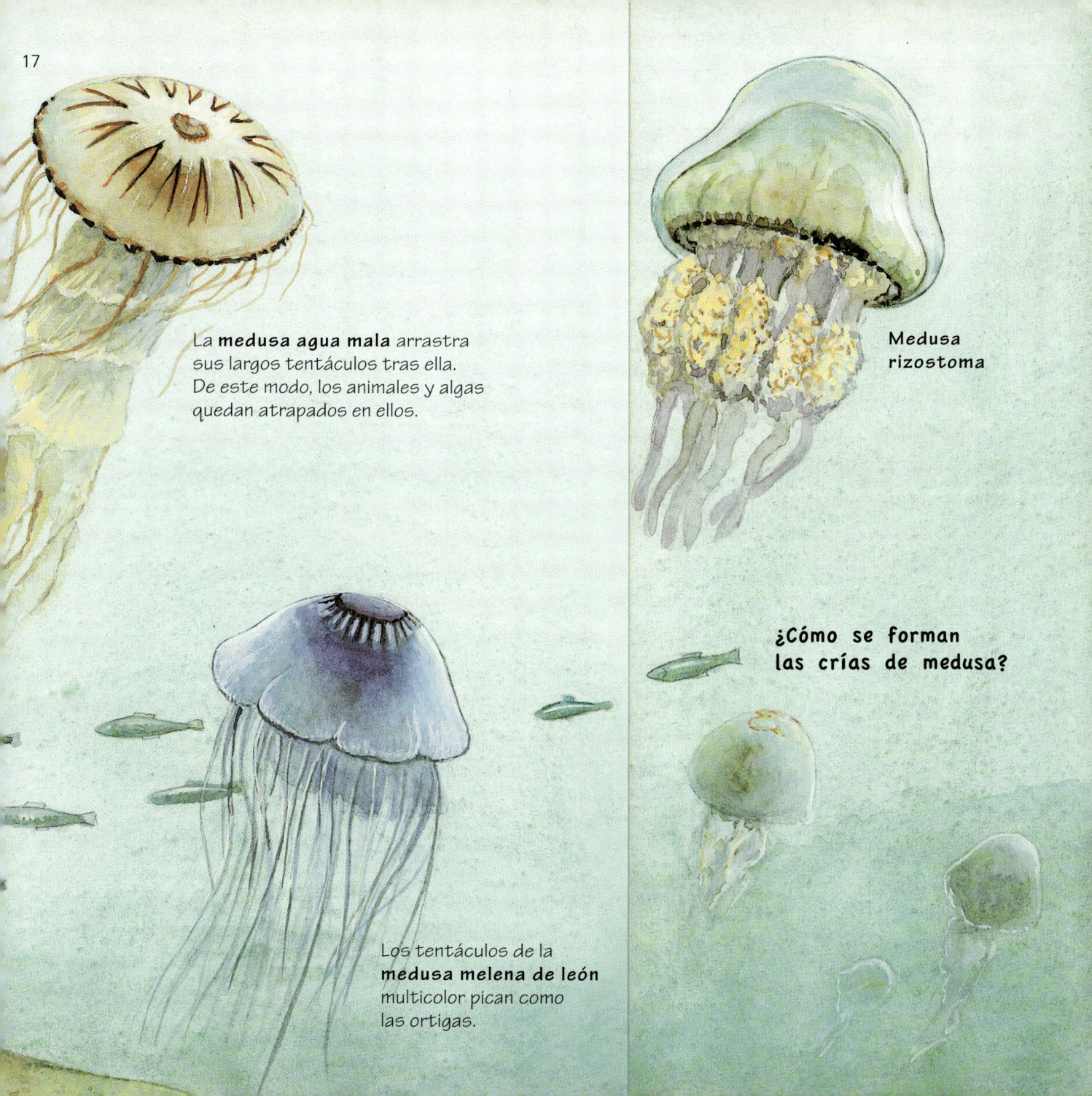

La **medusa agua mala** arrastra sus largos tentáculos tras ella. De este modo, los animales y algas quedan atrapados en ellos.

Medusa **rizostoma**

¿Cómo se forman las crías de medusa?

Los tentáculos de la **medusa melena de león** multicolor pican como las ortigas.

Las planarias o turbelarias

En el mar viven montones de animales diminutos, plantas y huevos de peces, caracoles y medusas. Para comer algo, un animal sólo tiene que situarse en el lugar correcto y esperar a que le pase flotando por delante algo suculento. Casi casi como una araña en su telaraña.

Aunque parezca increíble, las **bellotas de mar** son pequeños crustáceos, pero no se desplazan de un lado para otro; al contrario, estos animales adhieren sus conchas a una roca, un molusco o un cangrejo de mar. Para pescar a sus presas en el agua sólo tienen que sacar sus patas de la concha.

La **arenícola marina** se construye una galería en la arena. Para ello se va tragando la arena que encuentra al excavar la galería y se come a los diminutos animalillos que viven en ella. Posteriormente, este gusano expulsa por la parte trasera la arena que se ha tragado pero sin los animalillos.

¿Qué es esto? ¿Una planta o un animal? Aquí conviven gran cantidad de pequeños **briozoos** o **animales musgo**. Cada briozoo vive en su propia «cajita» y cada uno se adhiere a las cajas de los otros briozoos. ¿Quieres intentar contarlos todos?

A este animal ya lo has conocido en tu cuarto de baño: se trata de una verdadera **esponja**. Las esponjas dejan que el agua penetre en su interior y así es como recogen su alimento.

Seguramente, alguna vez habrás visto a este verticilo sobre un molusco o una piedra. Los **gusanos plumero** con sus tentáculos en forma de pluma viven en esta planta. Cuando se asustan, se cierran con una cubierta.

Dos veces al día, cuando llega la marea baja, la arena queda al aire libre. **¿Qué ocurre entonces con los animales que viven en la arena?**

Los peces

No cabe duda de que en el mar también hay peces. A menudo puedes verlos desde la playa. Aunque cabe decir que en el acuario y en el mercado es donde podrás observarlos con mayor tranquilidad.

Los **arenques** siempre nadan junto con otros arenques en los denominados bancos de peces. En un banco de arenques puede llegar a haber miles de arenques. Durante la primavera nadan en aguas poco profundas cerca de la costa y depositan muchísimos huevos. De estos huevos es de donde saldrán los nuevos arenques.

Arenque

Bacalao

Al **bacalao** también se le suele llamar abadejo. ¿Ves la punta que tiene en los labios? La utiliza para buscar y comer gusanos, peces y otros animales en el fondo del mar.

Pintarroja

¡Caramba, un tiburón! Afortunadamente se trata de uno pequeño. La **pintarroja** no suele medir más de un metro y sólo come otros peces.

Lenguado

El **lenguado** vive en el fondo del mar. ¡El lenguado siempre se halla tumbado sobre un costado, aunque sus dos ojos miran hacia arriba! De lo contrario, uno de los dos ojos siempre miraría hacia la arena. La **platija** puede cambiar de color y siempre tiene el mismo tono que la arena sobre la que se halla.

Caballa

Las **caballas** son como torpedos, ya que pueden nadar increíblemente deprisa.

Aguja

Platija

¿Sabes dónde puedes encontrar peces en la playa?

Las gaviotas

Las gaviotas son insolentes: se arrebatan la comida unas a otras, y también molestan a otros pájaros. Eso sí, en cuestión de volar son las mejores.

La **gaviota argéntea** busca moluscos y cangrejos en la playa. Se llama gaviota argéntea porque sus alas son de color gris plateado. La cabeza y el pecho son blancos como la nieve y sus pies son de color rojo. ¿Ves la membrana que tiene entre los dedos de los pies? Esta membrana le sirve de ayuda para remar cuando se posa sobre el agua.

Estas grandes gaviotas marrones son gaviotas jóvenes. Todavía faltan tres años para que les salgan las bonitas plumas de las gaviotas adultas.

Las gaviotas también pescan peces en el agua. Las espinas y las escamas las escupen. Por eso, no es de extrañar que en la playa encuentr algunos restos.

¿Hacia dónde vuela esta gaviota con el molusco?

La **gaviota reidora** es mucho más pequeña que la gaviota argéntea. En verano su cabeza es oscura como un bombón de chocolate y en invierno su cabeza es prácticamente blanca. A todas las gaviotas les gusta incubar junto a otras gaviotas.

El **gavión atlántico** es una de las gaviotas más grandes. Sus alas son negras.

Los pájaros

En la orilla del mar, los pájaros pueden pasear, caminar y desplazarse por aguas poco profundas. En ellas picotean en busca de moluscos, gusanos, crustáceos y caracoles. Por lo general, no les gustan demasiado las personas y por eso cuando nos acercamos se alejan corriendo por la arena. Por este motivo, para poder observar bien a los pájaros necesitarás unos prismáticos.

Al **ostrero** puedes verle desde muy lejos. Estos pájaros son de color blanco y negro y con su pico de color rojo intenso hurgan en la arena.

El **zarapito** tiene el pico curvado hacia abajo. Además, es más grande que el resto de pájaros de piernas largas.

Este pico tan largo y curvado hacia arriba es el de la **avoceta común**. Esta ave sumerge su pico en el agua una y otra vez para apresar pequeños animalillos.

El que también está con el pico en el agua es el **tarro blanco**. Estos patos meten la cabeza en el agua con la cola hacia arriba en busca de moluscos. ¡Su alimento favorito son los berberechos!

¿Cómo se llama este pájaro?
Archibebe común: ¡qué nombre!

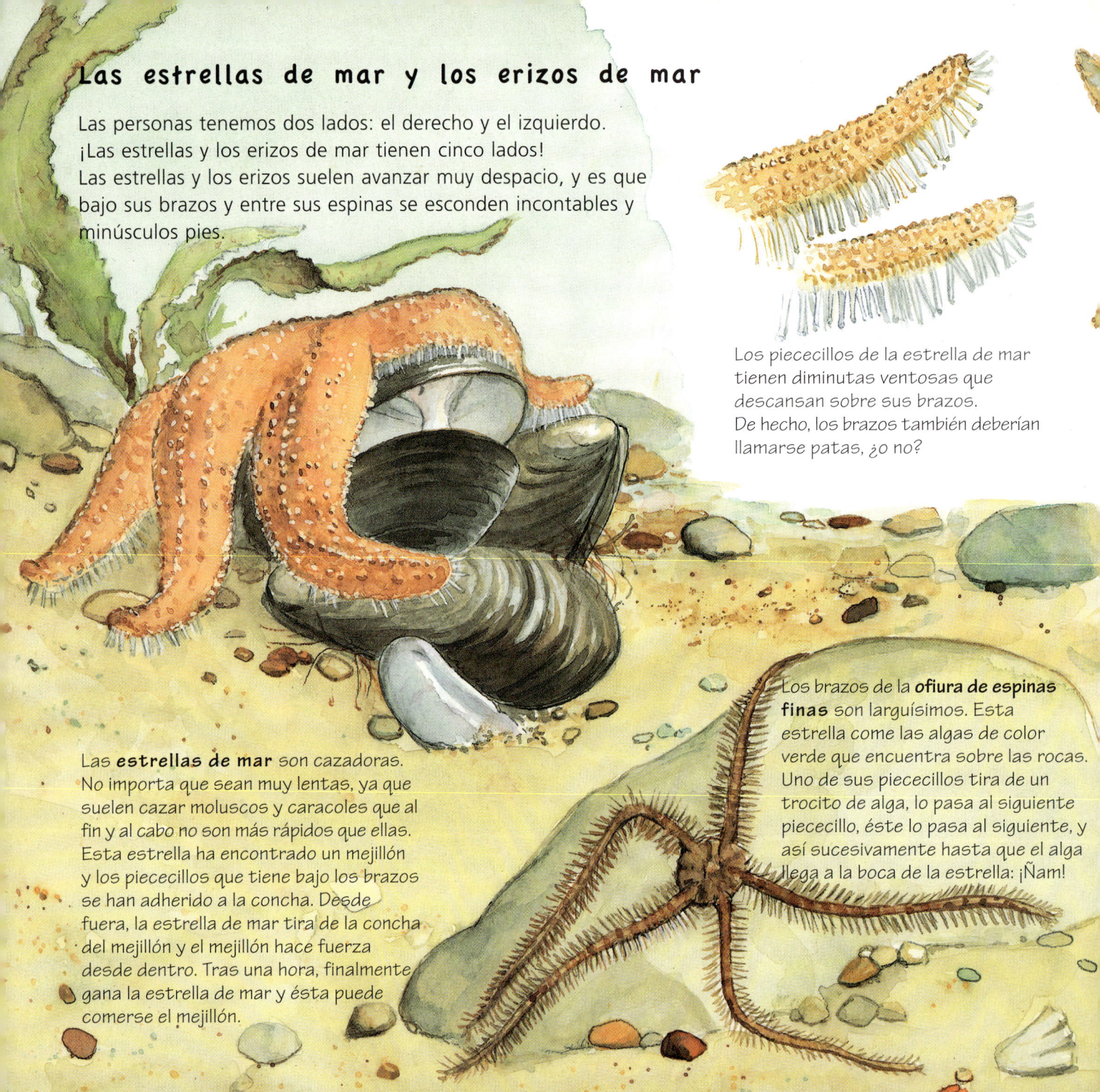

Las estrellas de mar y los erizos de mar

Las personas tenemos dos lados: el derecho y el izquierdo.
¡Las estrellas y los erizos de mar tienen cinco lados!
Las estrellas y los erizos suelen avanzar muy despacio, y es que bajo sus brazos y entre sus espinas se esconden incontables y minúsculos pies.

Los piececillos de la estrella de mar tienen diminutas ventosas que descansan sobre sus brazos.
De hecho, los brazos también deberían llamarse patas, ¿o no?

Las **estrellas de mar** son cazadoras. No importa que sean muy lentas, ya que suelen cazar moluscos y caracoles que al fin y al cabo no son más rápidos que ellas. Esta estrella ha encontrado un mejillón y los piececillos que tiene bajo los brazos se han adherido a la concha. Desde fuera, la estrella de mar tira de la concha del mejillón y el mejillón hace fuerza desde dentro. Tras una hora, finalmente gana la estrella de mar y ésta puede comerse el mejillón.

Los brazos de la **ofiura de espinas finas** son larguísimos. Esta estrella come las algas de color verde que encuentra sobre las rocas. Uno de sus piececillos tira de un trocito de alga, lo pasa al siguiente piececillo, éste lo pasa al siguiente, y así sucesivamente hasta que el alga llega a la boca de la estrella: ¡Ñam!

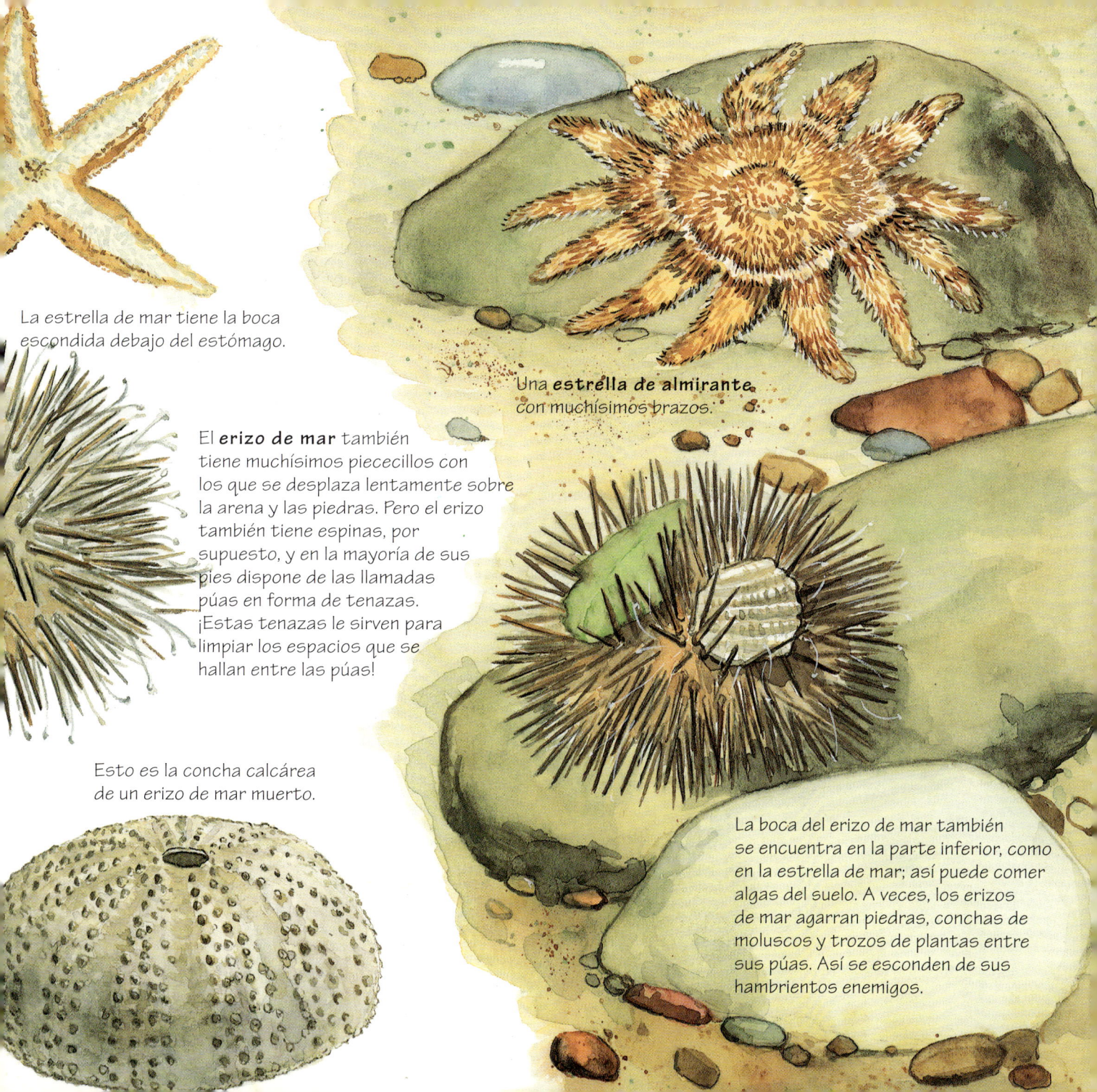

La estrella de mar tiene la boca escondida debajo del estómago.

Una **estrella de almirante** con muchísimos brazos.

El **erizo de mar** también tiene muchísimos piececillos con los que se desplaza lentamente sobre la arena y las piedras. Pero el erizo también tiene espinas, por supuesto, y en la mayoría de sus pies dispone de las llamadas púas en forma de tenazas. ¡Estas tenazas le sirven para limpiar los espacios que se hallan entre las púas!

Esto es la concha calcárea de un erizo de mar muerto.

La boca del erizo de mar también se encuentra en la parte inferior, como en la estrella de mar; así puede comer algas del suelo. A veces, los erizos de mar agarran piedras, conchas de moluscos y trozos de plantas entre sus púas. Así se esconden de sus hambrientos enemigos.

Los calamares

Durante el día, los calamares duermen enterrados en la arena. Los calamares saben camuflarse muy bien e incluso pueden cambiar de color. ¡Entonces, por la noche, salen de caza!

El calamar tiene una larga aleta alrededor de su cuerpo. Cuando la mueve puede nadar hacia delante, hacia atrás o hacia donde quiera.

Gracias a sus enormes ojos, la vista del calamar es tan buena como la de una persona.

Éste es el aspecto de los huevos de calamar. La mamá calamar los ha adherido a una planta.

- El **calamar** tiene ocho tentáculos cortos y dos tentáculos largos. Con los tentáculos pesca peces y cangrejos. Pero los peces son muy escurridizos. Para que no se les escapen los peces, los tentáculos de los calamares también tienen ventosas.

Cuando alguien quiere agarrar al calamar por la aleta, entonces éste expulsa agua a presión de la cavidad del manto y sale pitando como un cohete. ¡Tras él sólo queda una enorme y oscura nube de tinta!

El calamar no tiene huesos, sino una concha calcárea interna. Muchas veces, en la playa encontrarás una concha como ésta.